VOYAGE

À TRIANON.

Se trouve, à PARIS,

Chez P. DIDOT, L'AINÉ, rue du Pont de Lodi,
n° 6.

VOYAGE
A TRIANON

CONTENANT

DES SOUVENIRS SUR LOUIS XVI, MARIE-ANTOINETTE,
HENRI IV, SULLY, etc. etc.

SUIVI

DE QUELQUES PIÈCES FUGITIVES

ET DU VOYAGE A MONTROUGE

PAR

M. DE LABOUÏSSE.

A PARIS,

DE L'IMPRIMERIE DE P. DIDOT, L'AINÉ,
IMPRIMEUR DU ROI.

M DCCC XVII.

AVERTISSEMENT.

Au milieu des graves discussions politiques qui occupent tous les esprits, je n'ai certainement pas la prétention d'attacher assez d'importance à des bagatelles, pour espérer qu'elles puissent amuser ou distraire quelques momens. Le temps n'est pas encore venu où, dans le calme de la sagesse et de la raison, les Français instruits et aimables reviendront à ces goûts simples et purs, qui, dans le beau siècle de Louis XIV, firent la gloire et le charme de nos aïeux. Cependant on peut prévoir sans crainte que ces jours de jouissance et de paix ne peuvent guère rester éloignés de nous, sous le règne d'un Prince qui aime les arts, les sciences et les lettres, et qui n'aurait pas besoin de l'éclat de son trône pour donner de l'éclat à sa personne. Si j'en devance l'heureuse époque pour la publication de cette bluette, c'est que j'y suis forcé par quelques circonstances singulières, dont je vais en peu de mots donner le détail.

Ce *Voyage à Trianon* date déja de plus de onze années. En 1812, j'allais le publier à la suite d'un *Voyage à Saint-Léger*, beaucoup plus considérable, qui n'a pas encore paru. J'adressai le manuscrit à un savant qui n'est plus; M. Chardon de La Rochette le soumit à la police, qui le désapprouva, et défendit de l'imprimer. Le manuscrit complet s'égara, et ce n'est que par hasard qu'il me revint en 1814. Je me trouvais alors à Paris; j'y étais venu jouir des espérances, de la sécurité et du bonheur que ramenait avec elle l'illustre et trop infortunée famille des Bourbons. L'éditeur d'un recueil annuel me demanda ce *Voyage;* je le lui cédai. Mais disposant de mon ouvrage comme du sien propre, toisant les pages, pesant les mots, il corrigea, changea, supprima sans me consulter, et ôta ce caractère local que devait avoir un *Voyage à Trianon*, sous la plume d'un homme sensible, qui fut toujours attaché à la monarchie légitime, et en donna souvent des preuves qui pouvaient lui être funestes. Lorsque je me plaignis de ces mutilations étranges, l'éditeur me répondit *qu'il ne l'avait fait que pour ne pas aigrir les esprits, et pour que mon ouvrage ne tînt pas trop de place!...* De sorte que, partant de ce double principe, il avait retranché des souvenirs intéressans sur Henri IV, Louis XVI, Marie-Antoinette, Sully, et sur des lieux que tous les étrangers s'empressent d'aller visiter et d'admirer.

Je me proposai aussitôt de rétablir ces mutilations; non que je voulusse fronder, aigrir, ou diviser; ce ne fut jamais mon intention. Mais, parcequ'il y a des hommes coupables, dont la vanité est très chatouilleuse, faudra-t-il ne jamais répéter des événemens historiques, ou ne plus donner des larmes au malheur? Tandis que je me disposais à rétablir ce Voyage tel que je l'avais écrit d'abondance, de nouvelles tragédies, de nouveaux orages vinrent fondre sur nous. J'étais signalé, je faillis être victime; ce n'était plus trop le moment de réclamer pour quelques vers. Cependant il m'importe que cet écrit soit connu tel que je l'avais fait. Puissent les personnes qui ont de la droiture dans l'esprit et de la sensibilité dans le cœur me savoir quelque gré d'avoir osé écrire alors plusieurs des lignes qui s'y trouvent!

Je profite de l'occasion pour rassembler dans

cette petite brochure quelques pièces fugitives qui s'y réunissent naturellement. Composées à diverses époques, depuis 1793, où, bien jeune encore, j'étais dans les fers jusqu'en 1815, où je me vis menacé d'avoir à recommencer les mêmes épreuves et les mêmes supplices; elles prouveront que mon attachement à la cause royale fut toujours pur, vif et sincère, et que je n'ai pas eu besoin d'attendre que nos Souverains légitimes fussent de nouveau investis de leur ancienne puissance, pour me trouver tout-à-coup royaliste.

VOYAGE À TRIANON.

A Mme ÉLÉONORE DE LABOUISSE.

Paris, le 15 mai 1805.

Quel démon voyageur s'empare de ma vie ?
Éléonore, où vais-je ? et quel est mon destin ?
   J'erre, guidé par un sort incertain,
   Et de regrets chaque course est suivie.

Une société charmante avait résolu de se réunir à Versailles; elle devait aller de là dîner dans les jardins de Trianon. N'ayant pu trouver de place dans aucune des trois berlines qui partaient, je m'arrangeai d'un modeste cabriolet, et je me mis en route. Malheureusement je n'avais pas songé à prendre le mot d'ordre, aussi ne savais-je que devenir : au surplus, muni de mon *souvenir* et d'un crayon pour recueillir mes pensées, je me laissai conduire ; je me trouvai bientôt à Passy, village situé au-dessus de ce joli coteau qui s'étend le long de la Seine. Les maisons en sont toutes agréables ; une d'elles a appartenu à M. le duc de Penthièvre : son aspect est superbe.

Vieux arbres qui parez ce tranquille rivage,
Penthièvre autour de vous fit chérir ses vertus,
　　Et ramena sous votre heureux ombrage
　　Cet âge d'or... auquel on ne croit plus.

Passy est presque un faubourg de la capitale; on assure que l'air qu'on y respire est très vif et très pur, et qu'il possède plusieurs fontaines d'eau minérale très salutaires... Les amours en savent, dit-on, quelque chose. Aussi un poëte, qui avait sans doute à s'en plaindre, s'écriait avec humeur :

　　« En vain mes membres sont perclus,
　　« Je ne veux point de vos eaux fades;
　　« Elles ont fait plus de c.....
　　« Qu'elles n'ont guéri de malades. »

Cela peut être. Mais il faut être discret, et j'aurais d'ailleurs trop à dire sur ces galantes chroniques; car j'aperçois le couvent des *Bons-Hommes* de Chaillot, institué par saint François de Paule (1), et de l'autre côté de la Seine, l'ancien emplacement du moulin de Javelle, qui n'existe plus : on y allait jadis chercher de bonnes fortunes dans une guinguette célèbre. Dancourt a fait une comédie très gaie sur les intrigues qui s'y passaient. Mais je vois Auteuil; il attire toute mon attention.

---

(1) On y fait aujourd'hui du basin.

A TRIANON.

Sévère dans ses mœurs comme dans ses écrits,
Despréaux s'illustra par un génie antique;
D'Homère et de Virgile uniquement épris,
Poëte aussi parfait qu'infaillible critique,
Des préceptes du goût il fit sentir le prix.

C'est dans cette retraite qu'il composa ses meilleures Épîtres, et peut-être aussi ce *Lutrin*, badinage inimitable. Il y voyait souvent Molière, son illustre ami, qui avait une maison de campagne à Auteuil. Ces deux grands hommes

Eurent ici l'honneur de fêter tour-à-tour
Le sage Lamoignon, le docte Valincour,
Ce tragique immortel, admirable modèle,
Des soupirs d'Henriette interprète fidéle (1),
Qui mourut du chagrin de déplaire à la cour;
Et cet original et paresseux Chapelle,
Convive toujours prêt, rimeur ingénieux;
Broussin, autre gourmand; Condé, qu'au rang des dieux
Placèrent la Victoire et Louis et la France;
Et ce charmant conteur plein de naïveté,
Dont la muse facile à la noble élégance
Réunit avec art la molle négligence,
Et la grace plus belle encor que la beauté.

Je venais de saluer Auteuil lorsque je découvris Saint-Cloud. Je fus tenté un moment d'aller revoir cette belle habitation, ce parc si vanté, et qui ne peut jamais trop l'être, ces cascades magnifiques, ces ar-

---

(1) Racine.

bres vénérables que les siècles ont respectés, et cette colonne qu'on appelle je ne sais pourquoi la *Lanterne de Diogène*; car quel rapport peut-il y avoir entre cette espèce d'observatoire et la recherche que faisait en plein jour Diogène une lanterne à la main? Quel pourrait en être l'emploi aujourd'hui dans cette France si folle, si imprudente, si légère?

> Si, dans un projet plus flatteur,
> Ce cynique que l'on renomme,
> Renonçant à *chercher un homme*
> Dans sa course d'observateur
> Eût voulu trouver l'art de plaire,
> L'esprit, des graces tributaire,
> Vertus du cœur, beauté sans fard,
> Jugement fin qui tout discerne,
> En t'apercevant, sans retard
> Il aurait soufflé sa lanterne.

Cependant, comme je ne voulais pas manquer mon rendez-vous, je ne cédai point à la tentation d'aller parcourir de nouveau ces lieux. Je traversai le pont de Sève, monument gothique, trop peu digne d'une route aussi fréquentée.

Dans une maison très bien bâtie sur le penchant de la colline, M. S*** a établi une tannerie à l'époque du *maximum*, et a gagné plusieurs millions en usant d'un procédé nouveau dans la préparation des cuirs. Je remarquai aussi une manufacture de terre blanche, où l'on imite parfaitement le granit, le marbre et le porphyre; mais ce qui rend ce bourg recommandable, c'est sa verrerie, et sur-tout sa manufacture de porcelaine. Ces ouvrages sont recherchés dans toute l'Europe comme les plus parfaits, tant pour l'élégance des formes que par la bonté des peintures et des dorures.

> « Vanvres, qu'habite Galathée,
> « Sait du lait d'Io, d'Amalthée,
> « Épaissir les flots écumeux:
> « Et Sèvre d'une pure argile
> « Compose l'albâtre fragile
> « Où Moka nous verse ses feux!

A peine cette citation venait-elle de m'échapper que le savant conducteur de mon phaéton m'adressa la parole d'un air triomphal: « Voyez, monsieur, « cette maison à votre droite, elle appartenait à Sully; « celle qui est dans l'enfoncement à gauche de la « route était un château qu'habita souvent *son ami* « Henri IV. » — Henri IV! m'écriai-je, et j'ouvrais de grands yeux, car ce château ressemble presque à une masure. Quelle différence de temps! autrefois on se contentait d'une bonne chambre; avec quelques alcoves, elle suffisait presque pour toute une famille. Que le luxe a fait de progrès, et à combien de nouveaux besoins ne nous a-t-il pas assujettis!... Aujourd'hui, il faut un espace immense; appartement pour madame, appartement pour monsieur, précédés d'antichambres, salons, cabinets, boudoirs... On s'isole, on se sépare, on se fuit.

> Ce système est-il plus commode ?
> Pour moi, plus simple dans mes goûts,
> Je méprise cette méthode :
> Elle est du bonheur l'antipode !
> De tous mes droits je suis jaloux ;
> Et d'hymen suivant le vieux Code,
> Je veux, n'en déplaise à la mode,
> Être tout-à-fait ton époux.

Pendant que ces idées me passaient par la tête, je voyais Meudon, placé dans une situation charmante. Ce joli château, qui a appartenu à la duchesse d'Étampes, sert aujourd'hui de caserne pour l'artillerie. Le joyeux et piquant Rabelais fut curé de Meudon, et Ronsard y logea au haut d'une tour. Là, monté sur ce nouveau Parnasse,

En style un peu barbare et souvent poétique,
Suivant le noble essor de sa verve lyrique,
Du bon *François premier* il chanta les exploits,
Ou soupirant tout haut son amour et sa peine,
Il redit tour-à-tour, sous l'ombre de ces bois,
La fierté de Cassandre et les faveurs d'Hélène.

J'arrive à Versailles par une très grande route dépouillée aujourd'hui de ses arbres antiques.

> Ils ont coupé l'arbre dans la racine
> Ces destructeurs ; ils n'ont rien respecté :

Ni le savoir, ni la noble origine,
Ni les talens, l'honneur, la probité;
Tout succombait sous leur main assassine,
Tout périssait sous leur férocité.

Je laissai mon cabriolet à l'auberge, après m'être informé si personne n'avait paru, et je revins attendre la société qui devait se rejoindre à Versailles. Je promenais mes vœux et mon impatience sur le bord d'une vaste place qui se trouve en face de la grille du château.

Là, comme Ovide en ses transports jaloux,
Fatigué d'espérer vainement dans la rue,
 Gourmandait les cruels verroux
Qui d'un objet chéri lui dérobaient la vue,
 Je maudissais et cochers et chevaux,
  De qui la lenteur imprévue
Laissait fuir d'un beau jour les momens les plus beaux.

Pour faire diversion à ma mauvaise humeur, j'imitai le Dorlange de Collin d'Harleville, et en m'avançant dans l'avenue je me mis à bâtir des *châteaux en Espagne*. En songeant au passé et à l'avenir, livré à de touchantes et profondes rêveries, mon imagination s'exalta. Eh! comment n'avoir pas de grandes pensées et d'illustres souvenirs en présence de ce palais immense, de ce prodige des arts, où tout se réunissait autrefois? Les Colbert, les d'Aguesseau, les Vauban, les Girardon, les Condé, les Turenne, les Villars, les Catinat, les Forbin, les Chevert, les Créqui, les Tourville, les Duras, les Bouflers, les Jean-Bart, venaient y présenter le fruit de leurs talents, les palmes du génie et les lauriers de la victoire. Là Bossuet foudroyait l'incrédule; là Bourdaloue et Massillon se disputaient le prix d'une sainte éloquence; là Corneille peignait les héros les plus célèbres de l'histoire; là son illustre rival faisait revivre Hermione, Roxane, Athalie, Esther, Iphigénie et Phèdre; là Molière étudiait l'esprit des courtisans; là Fénélon répétait à Télémaque les conseils du sage Mentor; là Quinault et Lully amollissaient le cœur sensible du puissant monarque; là méditait La Rochefoucauld sur les faiblesses humaines; là courait le franc La Bruyère étudier ses *caractères*, dont les traits piquans sont encore plus originaux que ses modèles; là Boileau gourmandait les auteurs médiocres; là venait Sévigné avec toutes ses graces. O temps de gloire et de splendeur! que de grands hommes! que de chefs-d'œuvre! que de beautés en tout genre! C'était alors le temple des plaisirs, de la fortune et des honneurs! Mais aujourd'hui quel silence! quelle solitude! quelles ruines!!! tout est dépouillé, tout est mutilé, tout est décombres!... O journées cruelles et coupables! dans cette enceinte, une autre Andromaque, plus belle et plus tendre, craignant pour son fils si jeune encore, pour sa fille déja toute formée au malheur, courut, éplorée et demi-nue, dans les bras d'un époux qu'une horde féroce avait précipité du trône dans l'esclavage!... Que de complots! que de douleurs! que de crimes!... Ces cruels souvenirs, ces tristes pensées me rappelèrent ces beaux vers d'un poëme de M. Delille, qui doit bientôt paraître :

« Sur ce globe où nous sommes
« Les lieux ont leur déclin aussi bien que les hommes.
« Mais ces fameux revers et ces grands changemens
« Qu'ont fait naître autrefois le hasard et le temps
« Offrent à notre esprit une moins vive image,
« Que lorsque sous nos yeux un violent orage
« D'un lieu jadis célèbre a détruit la splendeur,
« Et montre sa ruine auprès de sa grandeur.
« Voyez ces murs déserts. Là le pompeux Versailles
« Étalait autrefois l'orgueil de ces murailles;
« Là mille passions, mille vœux à-la-fois,
« Les princes et les grands, les députés, les rois,
« Les intérêts rivaux, les vanités trompeuses
« Sans cesse s'agitaient sur ces routes pompeuses:
« Là venait en silence attendant un coup d'œil
« Aux pieds de la faveur s'agenouiller l'orgueil.
« De là, portée au loin sur la terre et sur l'onde,
« La volonté d'un seul faisait le sort du monde.
« TANT D'ÉCLAT IRRITAIT L'UNIVERS ÉBLOUI ;
« UN ORAGE A GRONDÉ, TOUT S'EST ÉVANOUI !
« Où sont les attributs de la toute-puissance,
« Cet appareil de gloire et de magnificence?
« Le deuil et le silence habitent dans ces lieux;
« A peine un vieux gardien triste et silencieux
« Dans ces murs qu'entouraient tant de fières cohortes
« À quelques voyageurs ouvre en pleurant les portes,
« Et l'étranger, cherchant ces palais d'autrefois,

« Se dit : *c'était donc là la demeure des Rois,*
« Rêve à tant de malheurs après tant de puissance,
« Jette encore une larme, et s'éloigne en silence. »

Je quittai au plus vite ces lieux tragiques ; mon cœur était ému, je courus, je m'éloignai du château, j'aurais voulu me fuir moi-même.

Je m'avançai cependant sur la route sans découvrir la compagnie que j'attendais. Hélas! personne ne se présentait, c'était toujours des allans, des venans inconnus, des groupes d'oisifs qui traversaient la place, des porte-faix, des saltimbanques, des fiacres...

De temps en temps je consultais ma montre : qu'elle me paraissait marcher lentement! il y avait cependant plus de deux heures que j'étais en vedette. Fatigué d'attendre, je résolus, sans plus tarder, de traverser le parc qui conduit à Trianon. J'ai su depuis que la société que j'attendais arrivait dans ce même moment; elle me croyait resté à Paris, et m'oublia.

Privé des compagnons de mon voyage, je me comparai (à sa blessure près) au malheureux Philoctète jeté sur le rivage d'une île déserte. Je n'avais personne à qui parler, personne ne pouvait m'entendre!... J'allais errer dans des lieux admirables sans doute; mais quel est le charme d'un paysage solitaire! Sans les bergers qui les habitaient, les campagnes de l'Arcadie et les vallées de Tempé eussent-elles inspiré le desir de les connaître?

Je n'entrai point dans le château : je l'ai jadis assez

A TRIANON.

parcouru. Les meubles qui en faisaient la richesse, les tableaux qui attiraient notre admiration, ne s'y trouvent plus.

Les plus beaux monumens de la puissance humaine
Ne servent qu'à montrer combien la gloire est vaine.
Versailles, qui jadis n'avait pas de pareil,
N'offre plus à mes yeux qu'un monde sans soleil.

Cette cité, dont une anagramme prophétique avait présagé la destinée (*ville seras*), n'était sous Louis XIII qu'un rendez-vous de chasse. Sa position heureuse, l'aspect riant des collines qui l'entourent, et, plus que tout cela, le besoin de créer, d'opérer des prodiges, suggéra à Louis XIV le projet d'y construire un palais. Mansard en fut l'architecte, Lebrun le peintre, et Le Nôtre le jardinier : il sut y vaincre la nature en décorant cet emplacement triste, agreste et sauvage, de tout ce que son art pouvait fournir de plus gracieux, de plus majestueux et de plus simple. On prétend que Louis XIV, montrant les nouveaux bâtimens à un seigneur de la cour, lui dit : *Vous souvient-il qu'il y avait là un moulin ? — Oui, Sire ; le moulin n'y est plus, mais le vent y est encore.*

En ces lieux où l'on vit les fils bruyans d'Éole
Broyer, en s'agitant, les trésors de Cérès,
Au vent de la faveur, comme des moulinets,
Tournait des courtisans la troupe avide et folle.

Ah ! que ces temps sont loin de nous ! Comme Versailles est désert! Voltaire l'appelle quelque part un *favori sans mérite*; c'est aux bâtiments qu'il adressait ce reproche; et l'on est tenté de le répéter, lorsqu'on aperçoit en arrivant l'irrégularité de ces grands corps... Mais quelle magnificence! quel style imposant et noble du côté des jardins! et comme ces jardins sont admirables!

Quelles touchantes rêveries
Inspirent cet aspect, ces lacs et ces prairies;
Ces bois, ces grottes, ces berceaux,
Ces labyrinthes de verdure,
Ces portiques brillans et ces limpides eaux
Qui jaillissent par cent tuyaux,
Et dont Marly fournit la source pure!

On s'égare avec délices sous ces ombrages où je vis folâtrer de petites filles et de petits garçons. C'est ainsi, me disais-je, que je verrai un jour Adolphe jouer avec Hortense; et nous partagerons, sa mère et moi, leur gentil badinage.

O plaisirs de l'enfance! ô trop aimables jeux,
Que ne suivent jamais les regrets, ni les larmes!
Il n'appartient qu'à vous de faire des heureux,
Vous qui réunissez l'innocence et les charmes.

Je cessai de contempler leur joie si vive et si franche, pour arrêter mes regards sur un arbre dont on avait découpé la complaisante écorce. Voici les vers que j'y lus : le dilemme est pressant.

A TRIANON.

Si ta beauté, Ninon, est périssable,
D'un bien qui fuit hâte-toi de jouir ;
Si ta beauté ne doit jamais périr,
Prodigue alors un bien inépuisable.

Voilà, pensé-je, un conseil bien digne de l'héroïne à qui il s'adresse, supposé que cette Ninon ressemble à celle dont nous connaissons la vie épicurienne... Je vis sur un autre arbre cette excuse anacréontique :

Pourquoi, Zélis, m'appelles-tu vieillard?
Blâmerais-tu l'hommage de ma flamme?
Pour desirer les faveurs d'une femme,
Crois-tu, Zélis, qu'il soit jamais trop tard?

Ainsi, disais-je en m'éloignant, la solitude est toujours confidente des plaintes, des soupirs et des amours ! et je continuai ma promenade en rêvant à *Adolphe*, en dévorant des yeux le tableau où tu as si bien rendu ses traits, et ce paysage qui retrace si fidèlement le souvenir des beaux lieux qui te virent naître.

A demi-nu, sous des palmiers fleuris,
Près d'un tambour mollement il repose ;
On le prendrait pour l'enfant de Cypris,
Ou pour la fleur nouvellement éclose.
Doux souvenir dont mon cœur est épris ;
C'est un bouton qu'a produit une rose.

Je te remerciai tout bas du joli présent que je dois à ton pinceau. Je l'ai fait placer dans une boîte en re-

gard de ton portrait. Mon fils et toi, je vous voyais!...
Mon cœur se délectait; il me semblait vous presser
dans mes bras!... Cependant j'avançais toujours; et,
en admirant l'une et l'autre peinture, je traversai
l'allée qui conduit à Trianon.

Est-ce l'œuvre d'une fée? Quel riant séjour! un
péristyle, composé de vingt-deux colonnes d'ordre
ionique, réunit les deux ailes du bâtiment, qui n'ont
qu'un rez-de-chaussée. Le comble à la romaine est
terminé par des balustres ornés de vases et de petits
groupes en marbre...... Devine.

Ne devines-tu pas que ce sont des Amours?
  De ces Amours dont ton Auguste
  Se plut à saluer le buste;
Ces dieux ne font-ils pas le charme de nos jours?

Il fut une époque où l'on trouvait ici les fleurs les
plus rares... On s'occupe de rendre à ces jardins toute
leur ancienne splendeur. Les marbres que je foulai
étaient humides encore du ciment qui venait de les
rejoindre. La sentinelle m'avertit poliment qu'il fal-
lait descendre avec précaution, et je n'eus point de
peine à obéir à sa prière. L'imagination est si frappée
d'enthousiasme, que l'admiration ne peut pas s'éle-
ver davantage. Tout poëte aime la nature, et les arts,
qui en sont la représentation fidèle. Il sent mieux et
plus vivement que les autres hommes. Un paysage
agreste, de beaux sites, de pittoresques perspectives,

A TRIANON.

ou de riches ombrages, lui inspirent des idées champêtres et riantes.

> Arbres au mobile feuillage,
> Onde, qui roulez des saphirs,
> Rossignols au tendre ramage,
> Et vous, capricieux zéphyrs,
> Lorsque vous faites ses plaisirs,
> Il vous offre à tous son hommage.

Trianon! superbe Trianon! Bertin a célébré tes délices! il était alors auprès de sa chère Catilie. Auprès de mon Éléonore, que cette solitude m'eût paru divine! que je me serais félicité de ce qui causait ma tristesse! Là, dans cette allée presque sauvage, oublié du monde entier et seul avec mon amie, enivré de desirs, de joie et d'amour, que d'heures fortunées!!! Mais, hélas! loin de pouvoir entonner l'hymne du triomphe et de l'alégresse,

> Séparé de ma bien-aimée,
> Je redis, plaintif Troubadour,
> Les romances qu'un tendre amour
> Inspire à ma verve enflammée...
> Ah! lorsque aux bords ariégeois
> Je célébrais la plus jolie,
> Les accens naïfs de ma voix
> S'exhalaient sans mélancolie.

> La nuit arrive, et de l'aurore
> J'appelle déja le retour;
> Je ne pense le long du jour
> Qu'à ma céleste Éléonore:

Les plaisirs me semblent amers,
Rien ne plaît à mon cœur fidèle ;
Mes livres, ma lyre et mes vers,
Tout est désenchanté sans elle.

Bien loin de ces rians bocages
Règne la foule des Amours :
Elle est près de toi pour toujours,
Toi qui captives ces volages,
Aimable moitié de mon cœur,
Mes vœux implorent ta présence :
Je ne connais plus le bonheur
Depuis le jour de ton absence.

Ma chère Éléonore, que tu ressentirais de plaisir en parcourant ce qu'on appelle *le petit Trianon*, qui, sans être aussi beau, aussi magnifique, aussi noble que l'autre, a quelque chose de plus sentimental dans les allées sinueuses qui l'entourent! Si tu es curieuse de savoir de quelle manière il est bâti, je te dirai qu'il consiste en un pavillon carré, composé de deux étages décorés d'un ordre corinthien et surmontés d'une balustrade. Les colonnes et les pilastres sont cannelés dans toute leur hauteur. Le goût le plus pur a présidé à l'achèvement de cet édifice. Les ornemens de sculpture sont de la plus ingénieuse exécution, et les appartemens bien supérieurs à tout le reste. C'était un luxe! une fraîcheur! une distribution charmante et commode!... Le palais que Vénus avait à Gnide n'était pas plus parfait sans doute, et le petit

A TRIANON.

Trianon a dû être modelé sur les dessins qu'en avait fait tirer l'époux de Psyché.

    Dieux! comme ici le cœur est agité!
    Quel doux attrait! quel charme! quel délire!
    Je ne sens plus les cordes de ma lyre,
    Que sous mes doigts détend la Volupté.
    Non, les bosquets de l'antique Cythère
N'égalent point ce bois dont l'ombre tutélaire
Se plaît à protéger la timide Beauté.
      Oh! comme Tibulle et Délie
    Eussent chéri cet asile écarté
Où l'aimable Bertin a chanté Catilie!
Et moi, dans ce vallon sombre et délicieux,
Combien je bénirais les droits de l'hyménée,
      Si d'un auteur ingénieux
Je pouvais répéter *la champêtre Journée*,
    En rassemblant mes amis peu nombreux
    Et la Beauté qui fait ma destinée!

Versailles est beau, je l'avoue; cependant combien sont plus favorables aux transports de l'imagination et aux larcins du mystère ces jardins irréguliers, ces routes solitaires, où l'on se perd avec délices, et où l'on ne revient de ses rêveries que frappé de surprise et d'admiration.

    D'abord je trouvai un temple à l'Amour:

      Où, pleins d'une ferveur sincère,
On entend à-la-fois la maîtresse et l'amant
    Redire: « Amour, rends mon berger constant;
Amour, fais que toujours je plaise à ma bergère. »

Je rencontrai ensuite un belveder de forme octogone, en stuc ; il est percé de quatre portes vitrées. A sa droite, s'élève une colline couverte d'arbres transplantés là des quatre parties du monde. Plus loin, je vis un lac qui se remplissait des eaux fraîches et vives échappées des cavités d'un rocher artificiel très adroitement imité. Sur sa crète isolée j'aperçus un amant qui, maltraité vraisemblablement par une ingrate, s'écriait dans sa douleur :

> Je brise ma chaîne,
> Et par d'autres nœuds,
> Loin de l'inhumaine
> Qui rit de mes vœux,
> Je vais être heureux.
> Qu'elle soit cruelle,
> Et que le mépris,
> D'un amour fidèle,
> Soit l'unique prix :
> Je saurai, loin d'elle,
> D'une ardeur nouvelle
> Flatter Lycoris.
>
> Mais, vaine espérance
> Qui trompes mon cœur !....

Je n'entendis pas le reste de son élégie, parceque j'étais à contempler ce pont, ce moulin, ce modeste presbytère, cette chaumière du bailli, la demeure du seigneur si simple au dehors, mais dont l'intérieur était si élégant, et tout ce hameau où des laitières aimables comme Aline, jolies comme Zirphé, j'ai failli dire presque aussi belles qu'Éléonore, allaient traire des vaches gardées par des *mains royales*.

Pleurez, Nymphes, pleurez sur l'auguste Antoinette;
Cette rose autrefois vint se joindre à nos lis.
Loin du faste des cours, au sein de la retraite,
Simple dans ses plaisirs, nouvelle Amarillis,
Sa main dans ces bosquets honora la houlette.
    Mais, ô revers! pleurez Graces, Amours,
    A nos douleurs mêlez vos justes larmes:
    O jour de deuil! ô plus affreux des jours!
    Sur l'échafaud ont péri tant de charmes!
    Braves Français, Chevaliers, Troubadours,
    Que faisiez-vous?... Que devinrent vos armes?

Marie-Antoinette et Louis XVI! quelle mort barbare! quelle récompense de tant de vertus! . . . . .
. . . . (1).
Je ne pus me défendre d'un horrible frémissement, et ce contraste d'une nature si belle avec des images si tristes me rappela l'épitaphe que je consacrai à ce couple magnanime, lorsque mon extrême jeunesse ne me permettait que de pleurer sur une catastrophe qui étonna l'Europe et couvrit la France de deuil.

---

(1) Quelques amis ont cru que la politique et la prudence me faisaient un devoir de retrancher ici quelques lignes. Je ne saurais dire le contraire de ce que je pense; mais je puis me taire, et je me tais; et j'efface même la note qui se rapportait à ce passage, quoique j'eusse écrit l'un et l'autre depuis long-temps.

Les rayons sacrés de leur gloire
Ont illustré leurs échafauds,
Et les pleurs qu'obtient leur mémoire
Font d'effroi pâlir leurs bourreaux.

Quelle vénération, quels respects, quels tributs d'hommages ce roi et cette reine infortunés ne se sont-ils pas acquis par leurs bontés et leur courage !

Dépouillés de leur sceptre, à l'aspect de la mort,
Leur mâle fermeté ne s'est pas démentie,
Et, placés constamment au-dessus de leur sort,
La palme du martyre a couronné leur vie.

Ces souvenirs me livrèrent à une mélancolie noire et profonde ; je sentis que je devais fuir des promenades où rien ne pouvait me distraire agréablement. Je m'éloignai, le cœur serré. Ces allées sombres, ces tapis de verdure attirent, il est vrai, par la variété des sites qu'ils présentent ; mais ils ne doivent plaire qu'à l'amant protégé du ciel, qui peut y cacher aux regards indiscrets ses caresses et son bonheur.

Loin des lieux d'où le sort m'exile
Que le temps marche lentement !
Non, la fraîcheur de cet asile
N'éteint pas les feux d'un amant.
En proie à mon inquiétude
Dans le calme de la forêt,
Je cherche en vain la solitude
Pour y soupirer en secret.

A TRIANON.

Sur le portrait de ma maîtresse
J'arrête avec transport mes yeux.
Que ce présent m'est précieux !
C'est l'ouvrage de sa tendresse.
En contemplant ses jolis traits,
Qui fixent mes regards distraits,
Tout prend un ensemble magique ;
Tout respire la volupté :
Ce palais est plus magnifique ;
Ce jardin paraît enchanté ;
Ces roses qui viennent d'éclore
Ont plus d'éclat, plus de beauté,
Et sont dignes d'Éléonore.....

Qu'ai-je dit ? Amour ! quel regret !
Quoi ! jouir seul de cet ombrage !
Hélas ! pour un plus doux usage
Cet ombrage n'est-il pas fait ?......

Adieu donc, adieu, vastes plaines,
Adieu, grottes, adieu, fontaines,
Adieu, quinconces et bosquets ;
Je fuis vos asiles discrets.
Séjour brillant, riches domaines,
Sans l'épouse pleine d'attraits
Dont l'absence cause mes peines,
Vous ne me reverrez jamais.

FIN DU VOYAGE A TRIANON.

NOTES

ÉCRITES EN 1812.

Page 10. Penthièvre autour de vous fit chérir ses vertus.

Gilbert, dont la plume était très satirique, en adoucit l'austère âpreté en faveur de ce digne Prince :

>Sous un modeste habit déguisant sa naissance,
>Penthièvre quelquefois visite l'indigence ;
>Et, de trésors pieux dépouillant son palais,
>Porte à la veuve en pleurs de pudiques bienfaits.

Je rapporterai aussi ce juste et bel éloge écrit par M. de Kerivalant :

>Ce Prince, dont l'ame divine
>De la vertu représente les traits,
>Comme le Nil cachant son origine,
>La découvre par ses bienfaits.

P. 10. Je vois Auteuil.

M. Gendron, célèbre oculiste, acheta, après la mort de son ami Despréaux, la maison qui lui appartenait à Auteuil. Par allusion à ces deux hôtes, Montesquieu proposait d'y placer cette inscription :

>Apollon, dans ces lieux prêt à nous secourir,
>Quitte l'art de rimer pour celui de guérir.

P. 11. Ce *Lutrin*, badinage inimitable.

Si inimitable que rien n'en approche, pas même *la Boucle de cheveux enlevée* de Pope, qu'on a osé lui comparer ; mais ceux qui l'essayèrent, ou voulaient soutenir un paradoxe, ou ne savaient pas lire.

P. 11. *Et la grace plus belle encor que la beauté.*

Ce vers est de La Fontaine ; j'ai préféré ne pas le tronquer en le citant, quand ma phrase devrait en être moins régulière.

>Le negligenze sue sono artifici,

a dit le Tasse dans un vers appliqué en Italie à l'Arioste, et dont on peut se servir pour caractériser notre aimable fabuliste. Ce

NOTES.

qui me rappelle un mot ingénieux de Mairan : *Toutes les fautes de La Fontaine*, disait-il, *sont en négligences, et celles de Lamothe en affectations.*

P. 13. «Vanvres qu'habite Galathée.

Fragment d'une Ode de M. Lebrun sur *les paysages.*

P. 17. Ces beaux vers d'un poëme.

Il a paru depuis; et, digne de l'héroïne que le poëte chante, *l'imagination* s'y montre dans tout son éclat, dans toute sa richesse, et dans tous ses charmes.

P. 18. « Se dit : *C'était donc là la demeure des Rois.*

Nos rois sont revenus, et ils ont retrouvé cette belle *demeure* pleine de souvenirs et de regrets; cette *demeure* où ils vont désormais assurer le bonheur des Français, et la paix de l'Europe. (*Note ajoutée en* 1814.)

P. 19. *Et plus que tout cela le besoin de créer, d'opérer des prodiges, suggéra à Louis XIV.*

Les ennemis de Louis XIV ont une singulière logique! Ils ne veulent point lui faire honneur des belles choses créées sous son règne, et ils lui font un crime de tous nos malheurs. Mais qu'ils flétrissent donc ces conseillers imbécilles ou perfides qui attirèrent sur la France des maux que Louis XIV ignorait, et que l'histoire même a beaucoup augmentés; ou qu'ils consentent au moins à le louer de tout ce qui s'est fait de *grand* dans ce beau siècle qui a retenu et mérité de porter son nom.

« Aucun de ceux qui ont trop censuré Louis XIV ne peut dis-
« convenir qu'il ne fut, jusqu'à la journée d'Hochstet, le seul
« puissant, le seul magnifique, le seul grand presque en tout
« genre. Car quoiqu'il y eût des héros, comme Jean Sobieski, et
« des rois de Suède, qui effacèrent en lui le guerrier, personne
« n'effaça le monarque. Il faut avouer encore qu'il soutint ses
« malheurs, et qu'il les répara. Il a eu des défauts; il a fait de
« grandes fautes; mais ceux qui le condamnent l'auraient-ils
« égalé, s'ils avaient été à sa place? » C'est ainsi que Voltaire défend la mémoire de ce roi contre ses injustes détracteurs. Un des

plus vifs reproches qu'on lui fait est d'avoir révoqué l'édit de Nantes. Je suis loin de vouloir défendre cette mesure rigoureuse; mais écoutons madame de Caylus sur cet article : « La paix étant « faite, le roi tranquille et glorieux crut qu'il ne manquait à sa « gloire que l'extirpation d'une hérésie qui avait fait tant de ra- « vages dans son royaume; *ce projet était grand et beau, et même* « *politique, si on le considère indépendamment des moyens qu'on* « *a pris pour l'exécuter*. Les ministres et plusieurs évêques, pour « faire leur cour, ont eu beaucoup de part à ces moyens, non « seulement en déterminant le roi à *en prendre de ceux qui n'é-* « *taient pas de son goût*, mais en *le trompant* dans l'exécution de « ceux qui avaient été résolus. » Voilà qui est clair et juste; *les Mémoires* impartiaux du temps confirment tous le témoignage de madame de Caylus, qui, dans ses *Souvenirs*, accuse particuliè- rement certain ministre d'avoir voulu se rendre nécessaire dans une affaire de religion. Elle ajoute : « On passa les ordres du « Roi; et on fit à son insu des cruautés qu'il aurait punies, si « elles étaient venues à sa connaissance. »

L'éditeur de l'*Histoire de Pologne* a manifesté et développé le même avis. Et Rulhière lui-même s'exprime ainsi dans les *éclaircissemens historiques sur les causes de la révocation de l'édit de Nantes*. « Comme les hommes se conduisent bien plus par « leurs sentimens et leur caractère que par des maximes et des « raisonnemens, Louis XIV, malgré les fautes de son règne, gou- « verna toujours avec grandeur, avec des intentions droites, et « restera toujours *grand* aux yeux de la postérité. »

P. 21. *Si ta beauté, Ninon, est périssable.*

C'est une traduction de l'anthologie que j'ai placée là. Cette petite pièce est de Méléagre. Brodeau l'avait traduite ainsi, en l'adressant à une jolie femme :

> Si la beauté se perd en si peu d'heure,
> Faites-m'en don tandis que vous l'avez;
> Ou, s'elle dure, hélas! point ne devez
> Craindre à donner un bien qui vous demeure.

Mellin de Saint-Gellais répondit sur les mêmes rimes au nom de la dame :

> Si ma beauté doit périr en peu d'heure,
> Aussi sera le desir qu'en avez ;
> Ou, s'elle dure, hélas ! point ne devez
> Estimer bien si le mieux me demeure.

Vauquelin de Lafrenaye dit après eux :

> Belle, si ta beauté s'efface,
> Fais-en part avant qu'elle passe ;
> S'elle te reste, fais-tu cas
> Donner ce qu'on ne t'ôte pas ?

P. 21. *Pourquoi, Zélis, m'appelles-tu vieillard ?*

C'est une imitation de l'épigramme 50 de Martial, livre IV, que M. de Kerivalant a rendue de cette manière :

> Pourquoi me reprocher mon âge ?
> Ignores-tu qu'à la beauté
> Le plus vieux offrant son hommage
> Flatte le plus la vanité.

J'ajouterai à cette note, en 1816, que mon illustre ami M. de Kerivalant, en me léguant ses papiers, m'a laissé une tâche bien douce et bien cruelle à remplir ! Je dois publier de cet aimable auteur un ouvrage qui nous manque ; c'est une traduction presque complète de toutes les bonnes pièces de Martial. Que n'a-t-il pu présider lui-même à leur impression ! il m'aurait épargné bien des regrets et bien des craintes ; mais du moins je tâcherai, par mon zèle, de répondre à la confiance qu'il eut en moi.

P. 27. *Pleurez, Nymphes, pleurez sur l'auguste Antoinette.*

On cite de cette reine aimable, tant injuriée, tant calomniée par les Carra, les Mirabeau, les Robespierre, etc. mille actes de bienfaisance qui devaient la faire chérir, et lui épargner les humiliations et les outrages dont l'accablèrent des *juges* féroces. Elle renonça, entre autres choses, au temps de sa puissance, au

NOTES.

droit d'impôt qu'on appelait *Ceinture de la Reine.* M. le comte de Couterelle fit à ce sujet ces vers agréables :

> Vous renoncez, charmante souveraine,
> Au plus beau de vos revenus ;
> Mais que vous servirait *la Ceinture de Reine?*
> Vous avez celle de Vénus.

Changeons de style, et transcrivons ces beaux vers de M. Delille :

> Prisonnière à côté du tribunal de mort,
> On l'immole long-temps, et le coup qui s'apprête,
> Reste éternellement suspendu sur sa tête.
> A cette attente horrible on joint tous les tourmens,
> Tout ce qui flétrit l'ame et révolte les sens.
> Sans cesse elle respire une vapeur immonde,
> Le froid glace ses mains, qu'idolâtrait le monde ;
> Ses besoins sont toujours le signal des refus,
> Et son malheur s'accroît d'un bonheur qui n'est plus.
> Quoi ! les trônes des Rois sont-ils donc tous en poudre,
> Et l'aigle des Césars a-t-il perdu sa foudre ?
> Hélas ! par-tout l'oubli, l'impuissance, ou l'effroi
> . . . .
> Juges de votre Reine ! écoutez ses forfaits :
> Sa facile bonté prodigua les bienfaits,
> Son cœur de son époux partagea l'indulgence,
> Ce cœur fait pour aimer ignora la vengeance ;
> *J'ai tout vu, j'ai su tout, et j'ai tout oublié.*

Ce dernier vers renferme littéralement une des sublimes réponses de la fille infortunée de Marie-Thérèse. Louis XVI écrivait à madame la duchesse de Polignac : « Votre amie est malheureuse, « et bien mal jugée ; mais je me flatte qu'un jour on lui rendra « justice. Cependant les méchans sont bien actifs, et on les croit « plus que les bons. »

P. 27. Marie-Antoinette et Louis XVI.

> O de nos temps affreux mémorable victime !
> Monarque infortuné, digne d'un autre sort,
> Méconnu dans ta vie, immortel par ta mort.
> (ESMENARD, poëme de *la Navigation.*)

FIN DES NOTES.

PIÈCES FUGITIVES.

A UN AMI.
1793.

De quoi veux-tu que je me plaigne?
Qui prendrait pitié de mes maux?
Quand le crime triomphe et règne,
L'honnête homme est dans les cachots (1).

MOT DE PLATON.

Le peuple ne connaît que la peur ou l'audace;
Il déchire la main qui veut l'apprivoiser.
C'est un monstre féroce, il le faut maîtriser;
S'il ne tremble point, il menace.

N. B. Un duc de Bourgogne disait dans le même sens : *Je connais les vilains; oignez-les, ils vous poindront; poignez-les, ils vous oindront.* Ce qu'on peut rendre en un distique :

Oignez vilain, il vous poindra,
Poignez vilain, il vous oindra.

Voltaire écrivait à Damillaville : *Il est à propos que le peuple soit guidé, mais non pas instruit; il n'est pas digne de l'être.*

---

(1) L'auteur était en prison; il n'avait que quinze ans lorsqu'il envoya ces vers, qui sont les premiers qu'il ait faits : *Facit indignatio versum.*

IMPROMPTU
SUR L'INSCRIPTION :
LA FRATERNITÉ OU LA MORT.

Généreuse *fraternité*,
Indépendante *liberté*,
O que d'un peuple despotique
Le règne cruel vous dément !
Mais toujours une *république*
Fut barbare par sentiment.
On vit Athènes trop ingrate
Bannir Aristide, Cimon,
Et dans la coupe de Socrate
Verser un infame poison !

AUTRE.

SUR LES FÊTES DE LA RAISON.

1793.

O naïve combinaison
De nos Lycurgues magnanimes !
Cette fête de *la Raison*
Est la fête de tous les crimes.

FRAGMENT

DE MES SOUVENIRS (1797) (1).

Je n'avais que quinze ans lorsque je fus jeté, en 1793, dans les cachots de Robespierre, et c'est là que je fis mes premiers vers érotiques. Je ne les rapporterai pas: ils ont été condamnés aux flammes; mais je ne veux pas être si sévère pour ma troisième épître. C'était une très faible imitation de la *Chartreuse* de Gresset, que je venais de relire. — J'étais détenu dans les prisons de Pamiers, lorsque j'adressai l'épître suivante,

A M. LE CHEVALIER DE JUGE.

1793.

Par les sbires du despotisme
Ton ami vient d'être arrêté :
Ne crois pas que son optimisme
En soit nullement affecté ;
Qu'importe que le fanatisme
Qu'a fait naître l'*égalité*
Me prive de ma *liberté !*
Laissons une troupe farouche,
Que séduit un espoir trompeur,
Avoir la menace à la bouche:

---

(1) C'est l'époque où je commençai cet ouvrage des *Souvenirs*, qui est un recueil assez considérable de mélanges et d'anecdotes.

L'innocent peut-il avoir peur?
Troupe de bourreaux, je vous bra*ve;*
En vain j'éprouve des revers,
Plus que moi vous êtes es*claves:*
Vous tremblez! Je ris dans mes fers.
Oui, de votre *démocratie*
Je redoute peu la fureur;
J'aime autant que vous ma patrie;
Mais je déteste la terreur
Qu'inspire une horde en furie :
Loin de partager vos excès,
Je préfère en être victime.
Peut-on être vraiment Français
Et transiger avec le crime?
Ah! multipliez vos verroux,
Que votre rage se ranime;
Je compte assez sur votre estime
Pour mériter votre courroux.
Vous ne m'entendrez pas me plaindre
De la tristesse de mon sort;
Et j'attends l'instrument de mort
Sans le desirer ni le craindre.

Sans doute on a remarqué dans ce morceau une fausse rime, le singulier *brave,* et le pluriel *esclaves;* on aura trouvé quelques expressions trop faibles et quelques ellipses trop fortes. Mais qu'on se souvienne de l'âge de l'auteur: il n'avait que quinze ans lorsqu'il écrivit cette pièce; son âge est peut-être une bonne excuse pour ces sortes de fautes. Il avait en outre lu tant de poésies, qu'il n'est pas étonnant qu'il lui soit échappé à la fin de la tirade une réminiscence si naturelle dans sa position. Maynard a dit :

> J'attends la mort,
> Sans la desirer ni la craindre.

Peut-être le changement de genre a-t-il donné plus d'énergie à l'expression qui, originairement, a été empruntée à ce vers de Martial :

Summum nec metuas diem, nec optes.

Quoi qu'il en soit, je supprime une centaine de lignes rimées, où je décrivais assez mal le modeste intérieur de ma petite chartreuse, ainsi que mes occupations, depuis qu'une maladie presque mortelle m'avait fait transporter dans la maison des femmes, auprès de ma mère, où j'avais été laissé à ma convalescence : voici la fin de l'épître.

> Malgré le sort qui me menace,
> Jeune élève du bon Horace,
> J'apprends à cadencer des vers ;
> Et, lorsque ma muse a su plaire
> A Laure, Eucharis ou Glicère,
> De tous les maux que j'ai soufferts
> S'efface la trace légère.
>
> Ainsi, loin des hommes pervers,
> J'ose ici, sans inquiétude,
> Être à l'amour, être à l'étude,
> Et par eux oublier mes fers.

J'ai toujours conservé ce manuscrit à cause de l'époque dont il me retraçait l'image : elle est cruelle, j'en conviens. A peine je naissais à la vie, qu'on *écrouait* ma *liberté* dans une prison; qu'on préparait le tombereau qui devait conduire à Nantes une victime de plus; et que, par grace spéciale en faveur de ma jeunesse, le représentant du peuple Paganel signait ma délivrance, et mon exil dans un rayon de vingt lieues. Mais comme a dit Métastase:

> *Dopo il crudel cimento*
> *Narra i passati sdegni,*
> *Di sue ferite i segni*
> *Mostra il guerrier cosi*
> *Mostra cosi contento*
> *Schiavo che uscì di pena,*
> *La barbara catena*
> *Che strascinava un di.*

C'est le même motif qui m'a fait garder un quatrain d'assez peu d'importance: je fus condamné à le faire pour retirer un gage. Il est adressé à quatre dames avec qui je venais de jouer.

> Sur le quatrain que je vous dois,
> Pourquoi presser ma muse peu féconde?
> Voyez les belles que je vois,
> C'est le plus beau quatrain du monde.

SUR LA VISITE DES PRISONS,
Faite par un COMMISSAIRE, soi-disant *civil*.

> Ce commissaire au cœur de fer,
> Et ces adjoints aux airs si rogues,
> De nos tyrans sont-ce les dogues
> Qui viennent garder notre enfer?

SUR LA NOBLESSE.

1796.

D'une *égalité* folle épris,
L'orgueil jaloux de la canaille,
En province, comme à Paris,
Pour l'avilir en vain travaille;
La noblesse est une médaille
Dont le temps a fixé le prix.

VERS

Publiés dans le Journal intitulé : *Le Déjeûner.*

1797.

Quoique errant dans Paris sans nul mauvais dessein,
Quand je sors, il est vrai, je prends, cher Hauteroche,
    Livre et pistolet dans la poche;
L'un sauve de l'ennui, l'autre de l'assassin (1).

---

(1) A cette époque, les ganses jaunes faisaient la guerre à nos innocens collets de velours noir. Plusieurs jeunes gens furent insultés, battus, et quelques uns tués; et ces massacreurs publics étaient protégés par le gouvernement d'alors, qu'on appelait *le Directoire.* Quel Directoire! et quels Directeurs!!!

BOUTADE

Faite en novembre 1813.

Contre nous seuls l'Europe conjurée
　　Veut mettre un terme à la durée
　　De nos triomphes malheureux.
Le désespoir et la haine et la rage,
　　Auxiliaires valeureux,
　　Fondant sur nous comme un orage,
Vont seconder nos ennemis nombreux.
　　Du joug cruel qu'elles subissent
　　On voit frémir ces fières légions
　　Qu'on arracha de tant de régions ;
　　Par-tout les peuples nous maudissent,
　　Ils nous détestent, nous trahissent !...
　　Quel pourrait être notre espoir ?
　　Dans quel antre, dans quel repaire
　　Va se cacher ce cœur si noir,
　　Ce conquérant si téméraire,
Qui prétendit courber, humilier la terre
Sous le joug abhorré de son affreux pouvoir,
　　De ce pouvoir terrible, despotique,
Qui semait en tous lieux la honte et le trépas ?
　　Les pertes qu'en divers climats,
　　Par une ignorante tactique,
　　Ce dévastateur colérique
　　Fit de nos généreux soldats ;
Son mépris des vertus, sa fureur impudique,
Ces réquisitions, immuables mandats,

FUGITIVES.

Ces dons forcés, ce code tyrannique...
Tant de maux ne doivent-ils pas
Etre la fin d'un règne inique ?

ÉPIGRAMME RETOUCHÉE.

Prenez la tête de Tibère,
Joignez-y le cœur de Néron
Avec le fiel de Robespierre,
Et vous aurez Napoléon.

SUR LE TITRE DE GRAND

Que le Sénat avait donné à Buonaparte.

Oui, c'est le GRAND NAPOLÉON
Que proclame un sénat esclave !
Il joint la bonne foi d'Octave
A l'humanité de Néron.

PENSÉE D'UN ANCIEN PHILOSOPHE.

L'homme persécuté par l'homme et par le sort
Trouve encor deux amis ; le courage, et la mort.

LA RENAISSANCE DES LIS.

Avril 1814.

De nos jardins la royale parure
Avait fait place aux pavots, aux soucis;
La scabieuse, attristant la nature,
Joignait son deuil à nos sombres ennuis.
Mais quel beau jour!... quel bonheur ineffable
Comble soudain nos vœux long-temps trahis!
Dans ce printemps à jamais mémorable
La France voit renaître enfin les lis.

IMPROMPTU.

Vive le Roi! Ce cri doux et prospère
Est tout amour et bannit tout effroi.
Il nous annonce un protecteur, un père;
Répétons donc en chœur: *Vive le Roi!*

SUR S. A. R. Mme LA DUCHESSE D'ANGOULEME.

De tous nos maux pour effacer les traces
Que de trésors le ciel nous a rendus!
C'est les talens et l'esprit et les graces
Accompagnés de toutes les vertus.

SUR LES PLACARDS ET LES ODIEUSES CARICATURES QUE DES MÉCHANS FAISAIENT CIRCULER.

Aux nobles sentimens rebelles,
Dans ces temps funestes aux arts,
Les fils du Pinde ont des poignards,
Et la peinture a ses libelles.

IMPROMPTU

A quelqu'un qui me raillait sur ma grande exactitude à porter l'ordre du lis (1).

Non, ce joli ruban qu'attaque ta censure
N'enfle pas mon orgueil d'une sotte fierté;
Si je pare mon sein de cette fleur si pure,
C'est par amour du Roi plus que par vanité.

SUR LA FÊTE DU 29 AOUT 1814.

Vive le Roi! Plus d'un doux tête à tête
Va s'établir; plaisir et volupté
Circuleront autour de la beauté;
Et que d'enfans il naîtra de la fête!!!

---

(1) Je ne l'ai pas quitté un seul instant, même en 1815.

QUATRAIN

Sur le reproche qu'on a fait à quelques hommes de lettres d'avoir célébré le ROI *et* L'EX-EMPEREUR.

1814.

Malins censeurs, épargnez une plainte
    Qui voile un envieux détour;
On a chanté Buonaparte par crainte (1),
    On chante le Roi par amour.

DISTIQUE.

Veut-on faire connaître un monarque adoré?
Chacun nomme à l'instant *Louis-le-Desiré.*

---

(1) Une tyrannie affreuse, puisqu'elle s'étendait sur la pensée, fit une obligation à tous les écrivains de louer et de louer même avec excès, le héros et l'héritier des révolutionnaires. Aucun ouvrage ne put voir le jour sans être chargé de quelque grain d'encens. Les royalistes les plus prononcés, les écrivains les plus recommandables, ne purent échapper à cette triste obligation, dont on leur fit une loi qu'il était dangereux d'enfreindre; les uns s'y soumirent sans peine, plusieurs s'y soumirent par force. On peut les plaindre; mais il faudrait avoir été à leur place, et avoir su s'affranchir, pour avoir le droit de les blâmer.

LES LIS.

A ÉLÉONORE,

Qui avait placé un bouquet de lis sur son chapeau.

Mai 1815.

Que sur ton front avec un noble éclat
Brille la fleur des Français tant chérie !
De ta candeur charmante allégorie :
Que ce mélange est pur et délicat !
Tel un narcisse à la rose s'allie ;
Et, près de lui plus radieuse encor,
Par sa blancheur cette rose embellie
De son carmin fait briller le trésor.

Si l'on en croit la naïve élégie,
Aux champs fameux de l'antique Phrygie
Le lis croissait : le vaillant fils d'Hector,
Impatient de desir et de gloire,
Vers nos climats prenant un noble essor,
Nous l'apporta guidé par la victoire.
D'autres ont dit (1) que, sur un bouclier,
Du ciel le lis descendit en droiture ;
L'heureux Clovis, ce vaillant chevalier,
Bon Roi des Francs, le mit sur son armure
Comme un présent de favorable augure ;
Toujours le lis fut ami du laurier.

Mais, en ce temps de honte et de parjure,

---

(1) Le P. Rapin dans son poëme sur *les Jardins*.

Il faut cacher ces généreuses fleurs.
De tes cheveux ôte cette parure :
Un monstre veille, et de sa main impure
Il oserait.... Ah! préviens mes douleurs!
C'est bien assez des horribles malheurs
Que l'on prodigue à la France asservie,
Sans m'exposer à craindre pour ta vie.
Cache ces fleurs : conserve-moi tes jours ;
Conserve-moi, pour bannir ma tristesse,
De tes vertus l'image enchanteresse,
Et ces appas qu'ont formés les amours,
Trésors d'hymen qui comblent mon ivresse,
Trésors charmans que j'aimerai toujours.

IMPROMPTU.

A LA MÊME.

Juin 1815.

Éléonore, à mes yeux attendris,
Bientôt au gré d'une constance pure,
Tu vas pouvoir reprendre ta parure,
Et sur ton front placer nos fleurs de lis.

FUGITIVES.

VERS

Faits par le vieux M. de.... (1).

L'aigle plane au-dessus des lis;
Honneur aux Guesclins, aux Turennes!
Mais que sont ces grands capitaines
Auprès du vainqueur d'Austerlitz!

RÉPONSE IMPROMPTU

Sur les mêmes rimes.

1815.

Quoi! ta muse ridée ose insulter aux *lis*,
Et dans tes vers flétris veut flétrir nos *Turennes!*
Mais que diras-tu donc des nouveaux *capitaines*
Devant qui va fuyant ton *vainqueur d'Austerlitz?*

SUR LE MÊME AUTEUR.

Quelle est cette muse emportée
Qui sur le Pinde a fait un saut?
Il se croit un autre Tyrthée,
Et tout bonnement n'est qu'un sot.

---

(1) Par pitié je retranche son nom, quoiqu'il n'ait pas rougi de signer ce mauvais quatrain.

PIÈCES

INSCRIPTIONS

Placées sur des transparens à diverses fenêtres.

Narbonne, 18 juillet 1815.

1.

Échappés par miracle à ce régime affreux
Qui nous priva de tout, même de L'ESPÉRANCE,
Au retour des Bourbons, souris, heureuse France,
La paix et le bonheur reviennent avec eux.

2.

Pour louer dignement un bon Roi que l'on aime
On le nomme *Trajan, Marc-Aurèle, Titus;*
Mais désormais *Louis* de toutes les vertus
    Sera tout à-la-fois le modéle et l'embléme.

3.

Vivamus!

Vive Louis et sa famille auguste!
Vive l'espoir de la France aux abois!
Vive à jamais le Prince le plus juste!
Vive à jamais le meilleur de nos Rois!

4.

SOUS LE PORTRAIT DE LOUIS XVIII.

Entouré des vertus, ses compagnes fidèles,
Il est des meilleurs Rois le meilleur des modèles.

FUGITIVES.

5.

Le torrent des fléaux avait brisé sa digue,
Et roulé parmi nous la terreur et la mort,
Quand tous les Rois unis par une sainte ligue
A travers les débris nous ramènent au port.

6.

Nos cœurs reconnaissans, ainsi que nos pinceaux,
De cet excellent Roi conserveront l'image.
La France à son départ fut en proie à l'orage;
Il revient, sa présence a chassé tous les maux.

7.

D'un règne de trois mois ils ont flétri la France,
Leur rage s'exhalait en projets superflus :
Mais l'enfer engloutit leur horrible espérance:
Je n'ai fait que passer, ils n'étaient déjà plus (1).

8.

Le bonheur, la vertu, la paix, tout avait fui;
Mais le Roi reparaît, tout revient avec lui.

---

(1) Vers de Racine, dont l'idée est prise dans l'Écriture sainte.

PIÈCES

A S. A. R. MONSEIGNEUR LE DUC D'ANGOULÊME,

A son passage à Narbonne, quand il vint, ou pour combattre les Espagnols, ou pour les engager à se retirer de bon gré (1).

Pleine d'ardeur, d'audace et d'espérance,
L'Ibère, s'élançant au sein de nos États,
    Prétendait venger sur la France
D'un barbare tyran les trop longs attentats.
      Déja, dans sa joie insolente,
      Croyant maîtriser notre sort,
    Elle accourait en semant l'épouvante,
    Et dans les murs de Narbonne sanglante
Voulait porter le carnage et la mort.

Mais tu parais, précédé de ta gloire :
Tu viens, généreux Prince, animer nos guerriers ;
      Et, pour garans de la victoire,
      Tu nous apportes tes lauriers.

---

(1) Il faut rendre justice à la vérité : les Espagnols, qui avaient à prendre de si cruelles revanches, se conduisirent à merveille. Le sauveur de la France arriva inopinément ; il dit un mot ; et, sans avoir besoin de déployer ce courage dont il avait naguère donné de si grandes preuves, les ennemis se retirèrent ; et nos provinces, rassurées et tranquilles, bénirent encore une fois ce Prince, qui n'a qu'à paraître pour enchaîner tous les cœurs.

À LA GARDE À CHEVAL DE NARBONNE.

Saint-Louis, 25 août.

Vive le Roi! c'est aujourd'hui sa fête;
Vive le Roi! que ce cri se répète
   Dans nos villes, dans nos hameaux;
Qu'il soit le ralliment d'une garde fidèle,
  Et le mot d'ordre, et le signal du zèle,
  Et le garant de la fin de nos maux.

Louis est de retour; une charte propice,
Sous ce Roi paternel que guide la justice,
   Préside au bonheur des Français.
   Que ce bonheur nous réunisse;
   A sa bonté libératrice
Nous devons le repos, l'espérance, et la paix.

Après de longs malheurs, quelle famille illustre
  Vient parmi nous recueillir notre amour!
  Avec transport célébrons en ce jour
  De nos Bourbons et la gloire et le lustre.
  Oui, célébrons *Louis Cœur-de-Lion* (1)
  Qui fut jadis la terreur d'Albion;
  Ce bon Louis (2) que dans la Palestine
    Un peuple barbare honora;
Ce Louis dont le nom dans les cœurs se burine (3);
  Louis-le-Grand (4), que son siècle admira;

---

(1) Louis VIII.   (2) Saint Louis.   (3) Louis XII, *père du peuple.*
(4) Louis XIV.

Ce Roi martyr (1) qu'une horde assassine
   Osa traîner à l'échafaud;
Ce jeune Roi (2) victime en son cachot:
Ces Louis généreux, une bonté divine
   Daigne les rendre à nos vœux empressés;
   De leurs vertus ils soutiennent le trône
   Où vont mourir les partis terrassés:
      Tous revivent en la personne
      De ce *Louïs-le-Desiré* (3)
      Qu'un ciel bienfaisant nous redonne;
De son brave neveu, ce héros révéré (4),
   Ce noble appui de la couronne,
Dans nos rangs obéi, dans nos cœurs adoré.

      O pure et douce jouissance!
      Plus de servile obéissance,
      Plus de tyrannie ou d'effroi;
      Par-tout vont régner l'abondance,
L'équité, le bonheur, l'industrie, et la loi.
      Comme le reste de la France,
      Répétons donc avec reconnaissance
      Ces mots chéris: *Vive le Roi!*

---

(1) Louis XVI. (2) Louis XVII. (3) Louis XVIII.
(4) Louis-Antoine, duc d'Angoulême.

VOYAGE À MONTROUGE⁽¹⁾.

A Mme ÉLÉONORE DE LABOUISSE.

Paris, le 6 septembre 1804.

Adieu, Paris; adieu, ville de boue;
Adieu, fâcheux asile et du faste et du bruit,
    Où l'immoralité se joue
De l'éclat du grand jour, des ombres de la nuit;
Où la Fortune élève au plus haut de sa roue
De lourds Midas, bravant le mépris qui les suit;
    Où la vertu modeste échoue,
Tandis que l'impudeur sans crainte se produit;
Où. . . . .

C'est ainsi que, moderne Juvénal, je me livrais aux imprécations d'une colère peut-être injuste, au

---

(1) Ce *Voyage à Montrouge* fut fait quelques mois avant le *Voyage à Trianon*; il aurait dû par conséquent le précéder, suivant l'ordre des dates; mais je ne songeais point à en redonner encore une nouvelle édition : et je ne le place ici que pour remplir les dernières pages de cette petite brochure.

moment où je me séparai des convives qui étaient venus déjeûner chez moi; l'un d'eux m'avait lu une satire contre les mœurs du siècle, l'autre une tragédie, et je partais pour la maison des champs de M. Amaury-Duval.

J'aurais dû, je l'avoue, être plus indulgent;
   Mais, loin des lieux que je regrette,
  Où vit ma femme, et cet aimable enfant
Que d'un suc nourricier Éléonore allaite,
Même au sein des plaisirs, mon cœur est mécontent.

Cependant cette bourrasque d'humeur noire ne m'empêcha point d'admirer en passant le magnifique palais du Luxembourg, bâti par Desbrosses,

  Et ce jardin et cet immense ombrage,
  Où le dimanche, au retour du printemps,
  On voit errer de discrètes mamans;
  Où le rentier se rend sans équipage;
  Où sans danger folâtrent des enfans
  Accompagnés d'un grave personnage;
  Où l'écrivain médite quelque ouvrage
  Pour éclairer nos heureux descendans;
  Ces lieux enfin si beaux pour les amans,
    Et si paisibles pour le sage.

Vraisemblablement ils ne seront pas toujours aussi tranquilles; et la mode, souveraine maîtresse de l'univers, leur donnera cette vogue dont jouirent tour-à-tour le *Jardin des Plantes*, *ma Folie*, *Tivoly*, *l'Élysée*, et *Bagatelle*.

A MONTROUGE.

Le Français, agité d'innombrables desirs,
Constant dans les erreurs de son papillonnage,
   Aimerait mieux renoncer aux plaisirs
      Que de cesser d'être volage.

Quelle agréable sensation j'éprouvai dès que j'eus franchi la barrière d'Enfer !

Je respirais l'air pur, les champs, la liberté ;
Je croyais m'affranchir de la pesante chaîne
   Qui me retient dans la captivité
      Au sein de la nouvelle Athène.

J'étais heureux : il me semblait retourner vers mes dieux domestiques. C'est par là que j'entrai dans cette capitale de l'Europe ; c'est par là que je dois sortir pour aller te rejoindre, ma chère Éléonore.

Mes coursiers volaient : je pensais à toi ; aussi le trajet me parut-il court, quoique le spectacle des champs ne soit pas ici très merveilleux ; la campagne est presque nue, et tout hérissée de moulins à vent, ou de carrières surmontées de tristes roues : cela n'est ni beau ni pittoresque, et je doute que les peintres viennent y chercher des sites pour leurs paysages. Certainement ce n'est pas une pareille nature que les pinceaux de Demarne se plaisent à copier ; mais les poëtes, mais les amans ne sont pas si difficiles, et toutes les solitudes sont favorables à leurs mélancoliques et tendres rêveries. Properce nous le dit souvent dans ses vers, et Pétrarque l'a heureuse-

ment exprimé dans ce passage : « Je ne saurais trou-
« ver de route assez inaccessible pour que l'Amour
« ne vienne toujours s'entretenir avec moi. « — Tou-
tefois, pour me distraire un peu de cette vue âpre et
sauvage, je lisais; car tu le sais,

>Quand je voyage,
>Dans mon bagage
>Je mets toujours
>Parny, Tibulle,
>Bouflers, Catulle,
>Chers aux amours.

Et j'atteignais déjà l'avenue qui conduit à Montrouge, lorsque je rencontrai un gros réjoui qui mar-
chait lestement en fredonnant ces paroles :

>Quand fleurit la violette,
>La rose et le glayeul,
>Quand chante la fauvette
>Et saute l'écureuil,
>Je suis tout amourettes
>Pour jeunes bergerettes
>Qui tiennent mon cœur gai.
>Badines chansonnettes,
>Folâtres ariettes
>Dès long-temps ne chantai,
>Mais alors chanterai,
>Et toujours cueillerai
>>Fleurettes
>>Joliettes,
>Pour parer les fillettes
>Qu'au printemps j'aimerai.

A MONTROUGE.

J'avais fermé mon livre; cette érotique bluette, imitée des troubadours, semblait me rendre pour un moment les délices de ma patrie. Mais je perdis bientôt de vue notre gai voyageur, et j'entrai dans l'habitation de M. Duval, qui n'est qu'à une demi-lieue de Paris : on la nomme *les Deux Pavillons*, parcequ'en effet deux pavillons très légers, très élégans, très réguliers, composent tout le logement; ils sont liés entre eux par un mur qui forme une cour assez vaste, et sont suivis d'un enclos fertile et bien entretenu.

> Loin d'un monde trompeur,
> Exempt d'inquiétude,
> Sans soucis, sans erreur
> Il se livre à l'étude.
> Et, franc de servitude,
> Dans cette solitude
> Il goûte le bonheur.

Montrouge a eu l'honneur d'être célébré par Voltaire, dans ses lettres à l'auteur du *Sultan Misapouf* et de *Tant mieux pour elle*. Voisenon, qui jouit autrefois d'une assez grande réputation, est presque oublié de nos jours; tant la gloire est chose trompeuse et légère!... Ici, dans les douceurs du repos et du silence,

De studieux savans, d'ingénieux poëtes,
Pour charmer les loisirs de la postérité,
Par de doctes discours, de tendres chansonnettes,
S'enivraient de l'espoir de l'immortalité.

M. de La Vallière, grand-veneur, avait près de là une campagne, où toutes les commodités du luxe se trouvaient réunies.

C'était le rendez-vous de plusieurs beaux esprits
Qui savaient de ce duc égayer la retraite
    Par leurs bons mots et leurs écrits;
Et, loin des passions qui régnent dans Paris,
    Savouraient une paix parfaite
En sablant du Sauterne et mangeant ses perdrix.

C'est encore ici que Fréron venait méditer les feuilles de son journal célèbre, de cette *Année littéraire* où,

    Malin et vif, semblable à l'écureuil,
    Sans nul respect ni de rang ni de grade,
    Il molestait dans son piquant recueil
    Le romancier au style froid et fade,
    Des écrivains dignes d'un autre accueil,
    Ceux qu'Apollon honore du fauteuil,
    Sans épargner, pour venger son orgueil,
    L'auteur d'Alzire et de la Henriade.

Madame Rose Duval est à-la-fois spirituelle, douce, bonne; et je ne suis pas surpris que son mari l'aime beaucoup.

    Qu'elle est aimable cette Rose!
    Ah! pour Duval quel heureux jour,
    Lorsque l'hymen lui donna Rose
    D'accord avec le dieu d'Amour!

A MONTROUGE.

Il greffa bientôt sur la rose
Deux boutons frais comme le jour ;
Et c'est Vénus changée en Rose,
Avec deux des sœurs de l'Amour.

EMMA et LAURE sont les noms de ces deux roses nouvelles. M. Amaury-Duval passe ses jours auprès de Paris ; il peut se procurer facilement les jouissances qu'on trouve dans la capitale, et revenir aussitôt au sein d'une famille charmante et chérie. Ah ! pourquoi suis-je à deux cents lieues de mes Pénates, de mon Éléonore, de mon Adolphe, de ma mère ?... Ce retour que je fis sur ma situation me donna des regrets, et je ne pus me défendre d'un soupir : j'ignore si l'on s'en aperçut ; mais je sais que l'on s'empressa de me parler de toi, et du desir qu'on a de te voir. Qui le ressent plus vivement que moi ce desir ? Combien de distractions, qui me sont presque indifférentes, me plairaient si je t'avais à mes côtés.

Je trouverais, dans mon ravissement,
Plus de fraîcheur à cet épais ombrage,
Plus d'harmonie au gracieux ramage
Qui du chantre des bois exprime le tourment ;
Plus de douceur au murmure charmant
Du Zéphyr qui se joue à travers le feuillage ;
J'en crois ce vers de sentiment :
« Les plaisirs les plus doux sont ceux que l'on partage. »

Nous attendions à dîner M. Wandaël, peintre habile, dont j'ai fait l'éloge en te rendant compte de l'exposition de cette année.

Quel triomphe pour la peinture,
Quand le pinceau de ce nouveau Zeuxis,
Rival heureux de la nature,
Trompe jusqu'aux oiseaux, en imitant des fruits :
Et quand, sous l'ombre bocagère
Où le pâtre attendri va répandre des pleurs,
Il couvre le tombeau d'une jeune bergère
De myrtes amoureux et de brillantes fleurs (1) !

J'eus le plaisir d'admirer plusieurs charmans dessins de madame Rose Duval, et une estampe représentant une jeune fille qui veut s'éloigner de celui que son cœur a choisi, et à qui elle a refusé un baiser. On y lisait cette inscription :

« Sur sa fierté la Nymphe se repose :
« Son amant perd déja l'espoir de l'attendrir ;
« Mais elle le regarde en songeant à le fuir :
« Nymphe qui rêve aux tourmens qu'elle cause,
« Touche au moment de les guérir. »

Ces mots nous firent beaucoup réfléchir sur la fragilité humaine, et sur la puissance de ce vieux enfant qui gouverne les hommes et les.... femmes. Aussi, en me promenant dans le parterre, je lui adressai cette oraison mentale :

Par toi tout s'embellit et prend un nouvel être ;
Ta présence en tous lieux amène le bonheur.
Hélas ! il fut un temps (quelle était mon erreur !)
Où je m'applaudissais de ne te pas connaître.

---

(1) Description d'un tableau de M. Vandaël.

> Je te dois des plaisirs nouveaux,
> Je te dois mon heureux délire :
> La discorde enfante les maux,
> Tu les apaises d'un sourire.

Était-ce pour me punir d'avoir songé à la *Discorde* qu'on me présenta une carte ? Quoi qu'il en soit, nous jouâmes, nous rîmes ; et, quand la partie fut terminée, nous lûmes quelques contes plaisans et plusieurs épîtres légères.

> On mêla de jolis airs
> Aux discours les plus aimables ;
> On parla de nos travers,
> De nos modes peu durables,
> De jeux, de prose, et de vers.

On dit encore beaucoup d'autres folies : nous étions en train de nous égayer. Nous chantâmes ; chacun fournit son écot. M. Duval nous redit ses couplets sur la *Fête de la Paix ;* moi, je célébrai une des vengeances de l'Amour, dont j'espère que tu seras bien aise de retrouver ici l'histoire.

> Quand Vénus punit Péristère
> Pour une corbeille de fleurs
> Dans les bocages de Cythère,
> L'Amour exhalait ses douleurs.
> « Mais que fais-je ici ? Quelle enfance !
> « Formons, dit-il, une beauté
> « Plus aimable que l'innocence,
> « Plus douce que la Volupté. »

Alors vers le dieu de la lyre
Il s'élance d'un vol léger :
« Partagez mon cruel martyre,
« De ma mère il faut nous venger.
« Qu'il naisse une nouvelle Grace,
« Folâtre et sensible à-la-fois,
« Que les plaisirs suivent sa trace,
« Et qu'une seule en vaille trois. »

Qu'elle y joigne un autre avantage,
Reprend aussitôt Apollon :
À ce rare et brillant partage
De l'esprit j'ajoute le don.
L'Amour dit : Je fais plus encore,
Qu'elle ait le pouvoir de l'Amour.
Et c'est ainsi qu'Éléonore
Pour mon bonheur reçut le jour.

Cette origine, dont Ovide n'a point parlé dans ses *Métamorphoses*, fut commentée et approuvée. Enfin je me retirai à onze heures du soir, après avoir, à peu de distance de la capitale, joui d'une journée agréable et champêtre : que ne puis-je bientôt en retrouver de pareilles dans les lieux simples et agrestes que ta présence embellit ! Rivages de l'Ariège, je vous regrette sur les bords même de la Seine. Un écrivain de ton sexe s'exprime ainsi : *Les ames froides n'ont que de la mémoire ; les ames tendres ont des souvenirs, et le passé pour elles n'est point mort, il n'est qu'absent* (1). J'éprouve combien cette pensée est juste et profonde : ton image est toujours dans mon cœur ; je ne vois que toi, je ne rêve que toi.

Ah ! puissé-je bientôt fuir loin de ces palais
D'où jamais n'approcha l'aimable rêverie !
Puissé-je revenir errer dans la prairie,
Qui pour toi s'embellit des plus jolis bouquets !
    Sous l'ombrage de ces bosquets
  Où le jasmin aux roses se marie,
Nous irons mollement nous reposer au frais
    Sur l'herbe nouvelle et fleurie.
O charmes du retour ! ô plaisirs sans regrets !
Aimables voluptés !... Mais sous un voile épais,
    Favorable à la modestie,
Sachons du tendre hymen cacher les doux secrets,
    Et ménager la jalousie.

---

(1) Cette pensée d'une dame très spirituelle, se trouve parmi plusieurs autres dans un *Mercure de France* de 1801. J'aurais voulu pouvoir en nommer l'auteur ; mais elle n'a pas jugé à propos de se faire connaître.

FIN DU VOYAGE A MONTROUGE.

VARIÉTÉS.

Gabrini ou *Gabrino*, né à Rome, au commencement du quatorzième siècle, dans le quartier de la Réole, parmi des meuniers et des gens de la lie du peuple, eut des sentimens et une ambition au-dessus de sa naissance. Il aspira à être chef de parti, à se faire distinguer par ses intrigues et par son éloquence. Il parvint en effet à opérer la plus téméraire des révolutions qui ait été entreprise, quoiqu'il fût, dans quelques circonstances, le plus craintif des hommes. Un écrivain le peint de cette manière : « La nature « avait réuni dans sa personne des vertus et des vices « qui semblaient se contredire, et formaient un mé- « lange singulier. Il était à-la-fois spirituel et grossier, « fourbe et simple, hardi et timide, prudent et aven- « turier. »

Ses aventures ont un si grand rapport avec celles d'un audacieux trop célèbre de nos jours, que le rapprochement qu'on en peut faire ne doit pas être sans intérêt. *Gabrini* se servit de son éloquence comme *Buonaparte* se servit de ses talens militaires. L'un trompa un peuple crédule, l'autre fascina une armée avide. L'un fut *tribun*, et l'autre *consul*; l'un prit un collègue postiche, l'autre s'en adjoignit deux, et le Romain et le Corse les éloignèrent bientôt du souverain pouvoir. L'un et l'autre affectèrent d'abord une grande sévérité de mœurs, beaucoup de simplicité, d'économie, de sobriété, de droiture, et le plus grand desir de rendre Rome et la France heureuses. Le premier, obscur plébéien, voulut être chevalier et ensuite couronné de sept couronnes : le second, fils d'un huissier d'Ajaccio, voulut être empereur, donna des titres, créa des ordres; et tous deux affichèrent un luxe et une magnificence scandaleuses. Tous deux aimèrent les pompes, les spectacles, les fêtes publiques, les représentations solennelles; tous deux, vindicatifs et féroces, montrèrent parfois une trompeuse clémence; l'un essaya de faire périr les Colonnes par un jugement populaire, et ne put y parvenir; l'autre voulut que le général *Moreau* lui fût sacrifié par un tribunal qui eut le courage de se refuser à ce déshonneur. *Gabrini* fut célébré par *Petrarque* et par les plus grands poëtes de l'Italie ; *Buonaparte* força les muses françaises de proclamer sa vaillance réelle et ses vertus factices; et les poëtes lui dirent souvent dans leur cœur, comme *Petrarque* au tribun : *Ne me forcez pas à quitter la lyre sur laquelle je me préparais à vous célébrer, pour m'armer des traits de la satire.* L'un souleva la populace de Rome, l'autre s'étaya des régicides, des révolutionnaires, des hommes les plus mal famés de son temps. Tous deux, maîtres enfin de la suprême puissance, joignirent le faste à la débauche, le mépris à la défiance, la tyrannie à l'injustice, et révoltèrent ceux même qui avaient cru devoir quelque reconnaissance à une ambition heureuse, qui semblait avoir affranchi leur mutuelle patrie des maux incalculables qui pesaient sur elle.

Chose étrange! L'un et l'autre s'appelaient *Nicolas*; l'un et l'autre rougirent de leur nom. L'un se fit appeler DE RIENZI, l'autre NAPOLÉON. L'un et l'autre voulurent être d'une origine royale; *Rienzi* se prétendit issu d'un fils naturel de l'empereur Henri, comme *Napoléon* fit publier, dans le *Magasin encyclopédique*, qu'il descendait de la branche aînée des rois scandinaves. Tous deux déclamèrent contre l'esclavage, et firent des milliers d'esclaves : tous deux, fourbes et hypocrites, adoptèrent des maximes étrangères à leur cœur; tous deux, ayant atteint le sublime du despotisme, virent tomber leur puissance par leurs excès, leurs fureurs, leurs extravagances, leurs assassinats, leurs persécutions et leurs rapines; tous deux, dans le danger, *abdiquèrent* lâchement leur autorité, sans oser, sans vouloir mourir avec honneur et courage. A quelques différences, occasionées par les temps et les circonstances, jamais deux hommes extraordinaires ne furent plus semblables dans leurs petitesses et dans leur grandeur. Infatigables l'un et l'autre, rien ne les arrêtait, rien ne les rebutait. Entreprenans jusqu'à la témérité, quelquefois timides jusqu'au désespoir, ou ils se relevaient par des ressources inespérées, ou, déserteurs de leur propre cause, ils s'abandonnaient à une fortune trompeuse qui les précipita deux fois d'un trône qu'ils n'auraient jamais dû occuper. Heureux les Français, si le règne du dernier usurpateur eût été aussi rapide, aussi passager, aussi court que celui de *Rienzi!* Il ne jouit de la puissance que sept mois comme *tribun*; il *abdiqua* ensuite, et remonta au faîte des honneurs quelques années après : il n'y resta que quatre mois sous le nom de *sénateur!*...

FIN.

www.ingramcontent.com/pod-product-compliance
Lightning Source LLC
LaVergne TN
LVHW021729080426
835510LV00010B/1180